LET US NOT *love*
WITH **WORDS** OR **SPEECH**
BUT WITH **ACTIONS** AND IN *truth*.
1 JOHN 3:18 NIV

CLOTHE YOURSELVES WITH THE *beauty* THAT COMES FROM **WITHIN**.

1 PETER 3:4 NLT

LET YOUR **WORDS** BE THE *genuine* PICTURE OF YOUR **HEART.**

JOHN WESLEY

BE STILL, AND **KNOW** THAT I AM *God.*

PSALM 46:10 NIV

> YOU CAN **GIVE WITHOUT** LOVING,
> BUT YOU **CANNOT** *love* WITHOUT GIVING.
>
> — AMY CARMICHAEL

I CAN DO **ALL** THIS THROUGH **HIM** WHO GIVES ME **STRENGTH**.

PHILIPPIANS 4:13 NIV

HIS NAME WILL BE THE **HOPE** OF ALL THE *world*.

MATTHEW 12:21 NLT

I SOUGHT THE *Lord*, AND **HE ANSWERED ME;** HE DELIVERED ME FROM **ALL MY FEARS.**

PSALM 34:4 NIV

_____
_____
_____
_____
_____
_____
_____
_____
_____
_____
_____
_____
_____
_____
_____
_____
_____
_____
_____
_____
_____

> LET US **THROW** OFF **EVERYTHING** THAT *hinders* AND...
> RUN WITH **PERSEVERANCE** THE **RACE** *marked* OUT FOR US.
>
> HEBREWS 12:1 NIV

WISDOM will enter your **HEART,** and **KNOWLEDGE** will fill you with **JOY.**

PROVERBS 2:10 NLT

CALL TO ME
AND I WILL **ANSWER** YOU
AND **TELL** YOU
GREAT AND **UNSEARCHABLE** THINGS
YOU DO NOT KNOW.

JEREMIAH 33:3 NIV

LET ALL THAT YOU DO BE DONE IN *love.*

1 CORINTHIANS 16:14 ESV

**LOVE THE LORD YOUR GOD
WITH ALL YOUR HEART
AND WITH ALL YOUR SOUL
AND WITH ALL YOUR MIND.**

MATTHEW 22:37 NIV

I praise You because
I AM FEARFULLY AND **WONDERFULLY MADE.**

PSALM 139:14 NIV

FIX YOUR THOUGHTS ON WHAT IS *true*,
AND *honourable*,
AND *right*,
AND *pure*,
AND *lovely*,
AND *admirable*.

PHILIPPIANS 4:8 NLT

> "FOR I KNOW THE **PLANS** I HAVE FOR **YOU**," declares the Lord, "**PLANS** TO **PROSPER** YOU AND NOT TO **HARM** YOU, **PLANS** TO GIVE YOU **HOPE** AND A **FUTURE**."
>
> JEREMIAH 29:11 NIV

YOU ARE THE *light* OF THE WORLD – LIKE A **CITY** ON A **HILLTOP** THAT CANNOT BE *hidden*.

MATTHEW 5:14 NLT

SET YOUR **MINDS** ON THINGS **ABOVE.**

COLOSSIANS 3:2 NIV

> SO WE FIX OUR EYES NOT ON WHAT IS *seen,* BUT ON WHAT IS *unseen.*
>
> 2 CORINTHIANS 4:18 NIV

She is CLOTHED with STRENGTH and DIGNITY.

PROVERBS 31:25 NIV

WHEN **SHE** SPEAKS, HER WORDS ARE **WISE**, AND **SHE** GIVES INSTRUCTIONS WITH **KINDNESS**.

PROVERBS 31:26 NLT

LET EVERYONE SEE THAT YOU ARE *considerate* IN ALL YOU DO.

PHILIPPIANS 4:5 NLT

DO WHAT IS RIGHT, LOVE MERCY, AND **WALK HUMBLY** WITH YOUR *God.*

MICAH 6:8 NLT

_____
_____
_____
_____
_____
_____
_____
_____
_____
_____
_____
_____
_____
_____
_____
_____
_____

SEEK THE **LORD** AND HIS *strength;* SEEK HIS **PRESENCE** *continually!*

I CHRONICLES 16:11 ESV

I AM YOUR *God.*
I WILL *strengthen you* AND *help you;*
I WILL UPHOLD YOU WITH MY *righteous right hand.*

ISAIAH 41:10 NIV

> LET US NOT **GROW WEARY** OF DOING *good*,
> FOR IN *due season* WE WILL **REAP**,
> IF WE **DO NOT** *give up*.
>
> GALATIANS 6:9 ESV